竹島問題と国際法

中野徹也

表紙写真……国際司法裁判所（島根県竹島資料室蔵）

一、はじめに

竹島は、女島（東島）と男島（西島）と呼ばれる二つの島とその周辺の数十の小島からなる群島です。隠岐諸島の北西約一五八キロメートル、北緯三七度一四分、東経一三一度五二分の日本海上にあり、島根県隠岐の島町に属します。総面積は約〇・二一平方キロメートル、各島は海面からそびえ立つ火山島で、周囲は断崖絶壁です。また植生や飲料水に乏しいところです。[1]

竹島は、韓国では「独島」と呼ばれており、現在は、韓国が武装警察官などを常駐させ、周辺海域から日本の船舶や漁船を締め出しています。その根拠を、韓国は次のように主張しています。

「独島は、歴史的にも、地理的にも、国際法上も明白な大韓民国固有の領土です。独島をめぐる領有権紛争は存在せず、独島は外交交渉および司法的解決の対象になり得ません。大韓民国政府は、独島に対し確固たる領土主権を行使しています。大韓民国政府は、独島に対するいかなる挑発にも断固かつ厳重に対応しており、今後も引き続き独島に対する

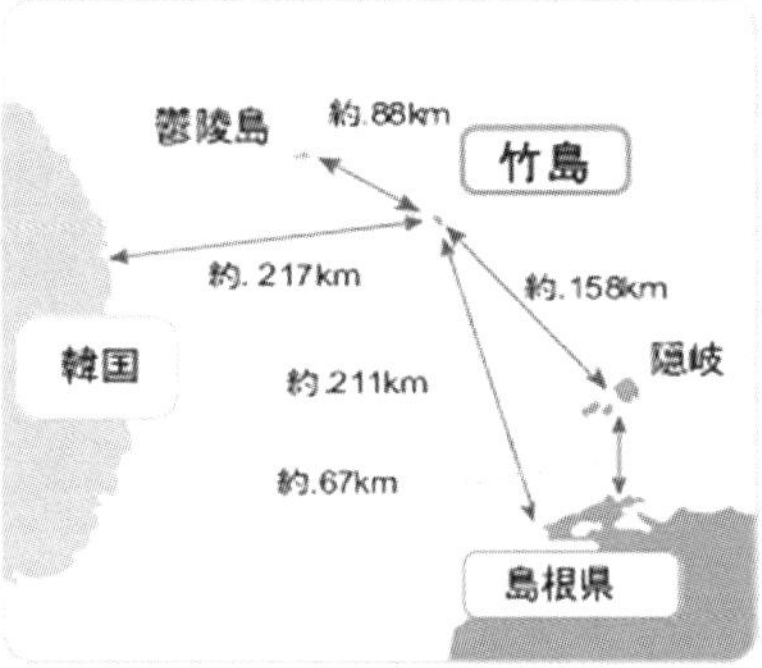

竹島の周辺地図

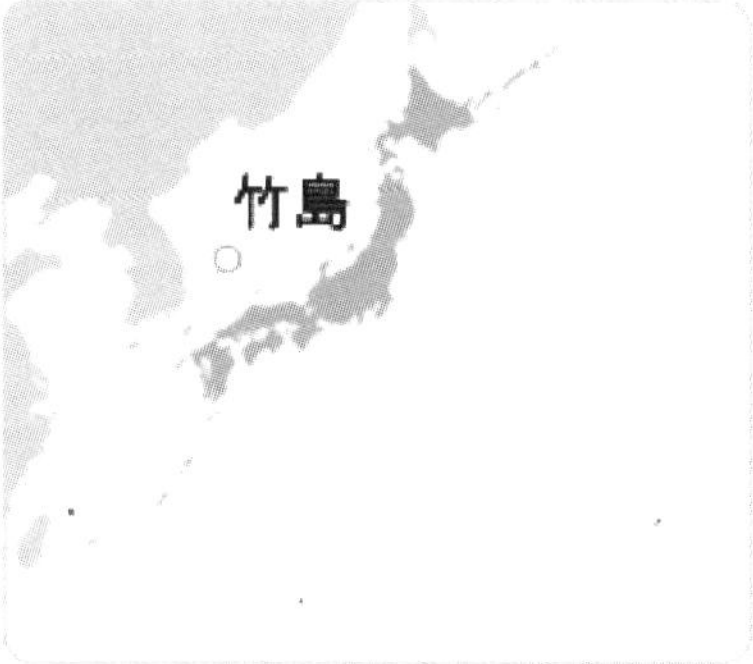

竹島の所在地図

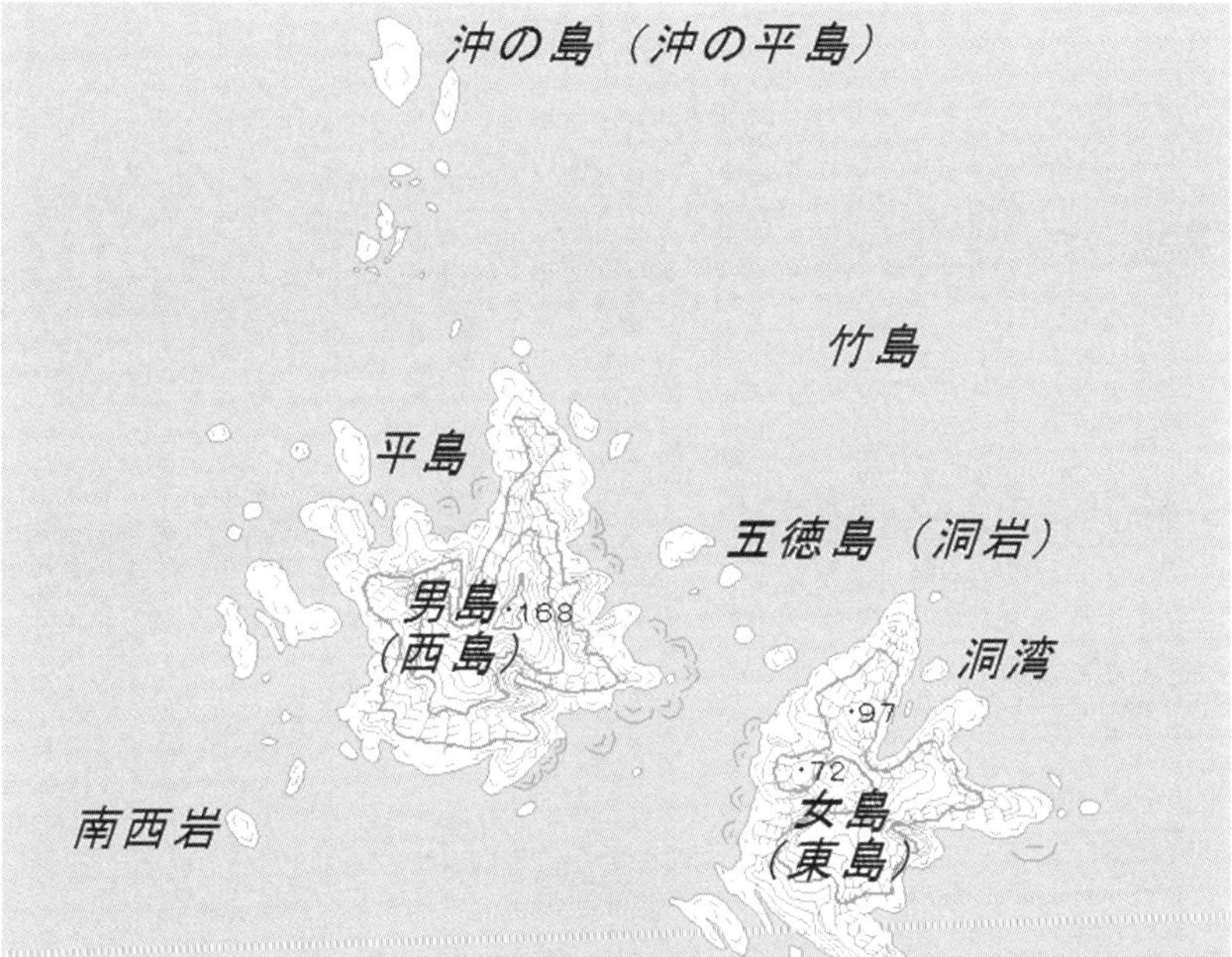

竹島の詳細地図

（すべて日本外務省HP（https://www.mofa.go.jp/mofaj/area/takeshima/index.html）より）

大韓民国の主権を守っていきます。[2]」

これに対して、日本は、次のように反論しています。

「竹島は、歴史的事実に照らしても、かつ国際法上も明らかに日本固有の領土です。韓国による竹島の占拠は、国際法上何ら根拠がないまま行われている不法占拠であり、韓国がこのような不法占拠に基づいて竹島に対して行ういかなる措置も法的な正当性を有するものではありません。

日本は竹島の領有権を巡る問題について、国際法にのっとり、冷静かつ平和的に紛争を解決する考えです。

（注）韓国側からは、日本が竹島を実効的に支配し、領有権を再確認した一九〇五年より前に、韓国が同島を実効的に支配していたことを示す明確な根拠は提示されていません。[3]」

このように、少なくとも日本から見れば、竹島をめぐって、日韓両国が相反する主張をしていることによって、「竹島の領有権をめぐる問題」（以下、「竹島問題」と言います）

が生じています。日本は、これを「国際法にのっとり」解決しようとしています。[4]また、竹島が「日本固有の領土」である根拠として、歴史的事実とならんで「国際法」をあげています。国際法とは、「国家を主たる構成員とする国際社会の諸関係を規律する法[5]」と定義されています。それでは、国際法は竹島問題とどのようなかかわりを持っているのでしょうか。

（1）日本外務省「竹島データ」(https://www.mofa.go.jp/mofaj/a_o/na/takeshima/page1w_000021.html で閲覧可能)。
（2）韓国外交通商部「独島に対する大韓民国政府の基本的な立場」(http://dokdo.mofa.go.kr/jp/dokdo/government_position.jsp で閲覧可能)。
（3）日本外務省「竹島の領有権に関する日本の一貫した立場」(https://www.mofa.go.jp/mofaj/area/takeshima/index.html で閲覧可能)。
（4）この立場は、国会でも再三明らかにされています。たとえば、第一八九回衆議院予算委員会第三分科会一号平成二七年三月一〇日（下川政府参考人答弁）参照。
（5）浅田正彦編『国際法〔第三版〕』（東信堂、二〇一六年）四頁。

二、国際法と国家領域

今日の国際法の規律対象は、それこそ国際社会で生じているありとあらゆる問題に及んでいますが、竹島問題との関係では、まず国家領域の範囲と国家の要件に関する規則が重要です。

国家領域とは、陸地の部分である領土、海の部分である領水および空の部分である領空のことを指します。この三つで構成される国家領域は、国家の要件の一つです。一九三三年に米州諸国の十六か国が締結した「国の権利及び義務に関する条約」(モンテビデオ条約)の一条は、明確な領域、永久的住民、政府、他国と関係を取り結ぶ能力を、国家の要件としてあげています。[6] つまり、ある集団が「国家」を自称しても、一定の範囲の地域(陸地)―「領土」―の上に、一定の数の住民が住み続け、領土と住民を統治し、かつ、他の国家と外交関係を設定できる(=外交能力)政府が存在しなければ、国際法はその集団を「国家」として認めないのです。[7]

こうして、領域のない国家は、原則として存在しえないことになります。領域の基本となるのは、陸地の部分である領土です。領土周辺の一定の海域が領水、領土と領水の上空が領空とされますので、領土がなければ、領水と領空もありません。そもそも、領土がなければ、これも国家の要件である「永久的住民」の住むところがありません。[8]

国家領域に対しては、国家の主権が及びます。主権とは、領域に存在するすべての人および物を統治し支配しうる権力であり、かつ、他の権力に従属しないで活動できる権力のことです。[9] そして主権のうち、統治を行う権利や領域を処分する権利など、領域にかかわる権利が領域主権（territorial sovereignty）です。[10]

さて、一で見たように、日本は「竹島の『領有権』を巡る問題」が生じているとしています。「領有権」は、英語の territorial sovereignty を日本語に訳したものです。[11] つまり、「領有権」と「領域主権」は同じ意味なのです。日常用語としては、領有権も広く使われていますが、専門用語としては領域主権または単に主権と訳されることが多いように思われます。本ブックレットでも、引用の場合を除き、領域主権の訳語をあてておきます。

少し横道にそれましたが、以上みてきた国際法の規則に照らして見ると、「竹島の領有権をめぐる問題」とは、竹島が日韓どちらの領域なのかという国家領域の帰属をめぐる問題です。国家領域の範囲と領域主権の及ぶ範囲をめぐる問題と言い換えることもできるでしょう。

（6）条約の規定は、条約に拘束されることについて同意した国（当事国と言います）にのみ適用されますので、本来、この国家の要件を定めている規定も米州の一六か国のみが守るべきものです。しかし、この規定は、当時の国により構成される国際社会全体が認めるものを書きあらわしたものと考えられています。それゆえに、今日、これは「国家の資格要件を適切に表現したものとして広く受けとめられている」のです。浅田編『前掲書』注（5）、八三頁。

（7）柳原正治『国際法』（放送大学教育振興会、二〇一四年）六二頁。

（8）同上、九八頁。

（9）国際法学会編『国際関係法辞典』（第二版）（三省堂、二〇〇五年）四五五頁（高野雄一執筆担当）。

（10）*Island of Palmas Case (Netherlands/United States of America), Award of 4 April 1928, R.I.A.A.*, Vol. II (1949), p.838. もっとも、領土、内水および領空に及ぶ領域主権と、領海に及ぶそれとは同じではありません。領海には、外国船舶の無害通航権という、他の領域には認められない制度が存在するからです。柳原『前掲書』注（7）九九頁。

（11）「竹島の領有権を巡る問題」を“the dispute over territorial sovereignty over Takeshima”、「領有権を再確認」を“reaffirmation of its territorial sovereignty”と訳しています。日本外務省「竹島の領有権に関する日本の一貫した立場」（https://www.mofa.go.jp/mofaj/area/takeshima/index.html で閲覧可能）。ちなみに、韓国は「領土主権」という訳語をあてています。韓国外交通商部「独島に対する大韓民国政府の基本的な立場」（http://dokdo.mofa.go.kr/jp/dokdo/government_position.jsp で閲覧可能）。

三、領域の帰属に関する国際法の規則

（1）伝統的な領域権原の様式

それでは、国家領域の帰属をめぐる問題について、国際法はどのような規則を定めているのでしょうか。

この問題に関して、国際法は、主に領域権原に関する規則を発展させ、対応してきました。領域権原とは、ある一定の陸地について、領域主権を有効に行使できる原因または根拠となる事実のことです。この権原にもとづいて、特定の地域はある国家に帰属し、そこに当該国家の主権が行使されます。[12] 陸地が領域権原にもとづき領土とされるとき、その陸地に付随して、陸地周辺の海域が領水となり、領土と領水の上空が領空とみなされることになります。[13]

領域権原には、次のような様式があります。

① 原始権原または歴史的権原

まず、国際法の成立の時点[14]で存在していた国家の領域は、当然その国家の領域として認

められます。国際法は、すでに存在している国家を前提として、その国家間の関係を規律する「国家間の法」として成立したからです。イングランドやフランスなどの領域は、このように説明されます。[15] このような意味での権原は「原始権原」または「歴史的権原」と呼ばれています。[16]

竹島問題との関係で、日本は「歴史的事実に照らして」、韓国は「歴史的に」、竹島／独島は自国の領域であると主張しています。これは、原始権原または歴史的権原による権原取得を指しているものと解されます。[17] すなわち、竹島／独島は、ヨーロッパで誕生した近代国際法が東アジアに受容される前から、日本または韓国に属するものとなっていた土地であって、日本と韓国が近代国際法秩序に編入される過程で自らの領土として認められた、という論理です。[18]

② 先占

先占は、どの国の主権も及んでいない地域（無主地）を、国家が領有の意思をもって、実効的支配を及ぼすことです。領有の意思は、国家による領土編入宣言、立法上または行政上の措置などの形式で表明されます。実効的支配については、一八八五年のベルリン一般議定書が、支配が「実効的」とみなされるには、先占をしようとする国が、通商の自由などを確保するために十分な権力を現地に確立しなければならない、と規定していました。[19]しかし、現在では、対象となる土地に入植し、使用するという物理的占有が、常に求められるわけではなく、国家の機能が日常的に行使されているという社会的占有で足りるとされています。[20]領有の意思と実効的支配は、ともに国家によって行われなければならず、私人によるものでは足りません。[21]

もっとも、今日、地球上に無主地はほぼなく、今後も、公海に新島が隆起して出現するなど、きわめてまれな場合にのみ、無主地が存在することになるので、先占による権原取得はまず起こりえません。

ちなみに、近代日本は、先占により、小笠原諸島（一八七六年一〇月）、硫黄島（一八九一年九月）、久米赤島・久場島・魚釣島（尖閣諸島）（一八九五年一月）、南鳥島（一八九八年七月）、沖大東島（一九〇〇年九月）、中鳥島（一九〇八年八月）を日本の領域に編入しています。[22]

③　時効

時効は、国家が他国の領域に対して、一定の期間にわたり平穏にかつ継続的に実効的支配を行うことです。先占は無主地に対するものですが、時効は他国の領域に対するものです。

時効の完成に、どの程度の期間が必要なのでしょう。日本の民法は、「十年間、所有の意思をもって、平穏に、かつ、公然と他人の物を占有した者は、その占有の開始の時に、善意であり、かつ、過失がなかったときは、その所有権を取得する」と規定していますが、国際法にはこれに相当する規則がありません。それゆえ、時間の経過により権原が移転するのではなく、関係国が黙認しているという事実により移転すると考えられるので、時効を領域権原として認めない見解も有力です[23]。

④　割譲

割譲は、条約によって、国家がその領域の一部を他国に譲渡することです。割譲の形態として、講和条約（日清講和条約による台湾割譲（一八九五年））、贈与（一九〇七年のコンゴ）、売買（一八六七年のアラスカ、一八九八年のフィリピン諸島）、交換（樺太千島交換条約（一八七五年））などがあります[24]。もっとも、現代の国際法では、武力の行使が原則として禁止されたことに伴い、これに違反する行為の結果として締結された条約は無効となります[25]。したがって、このような条約により割譲が定められたとしても、その条約は無効となりますので、権原は移転しません[26]。

⑤　併合

併合は、国家がその領域の全部を他国に譲渡することです。合意によって行われることもありますが、強制的に行われることもあります。もっとも、割譲と同様に、武力行使禁止原則に違反して締結された条約により行われた場合には、権原は移転しません。強制的に行われる場合は、広義の征服（後述）にあたると解され、こちらも武力行使が禁止されたことにともない、無効になると考えられています[27]。

⑥　添付

添付は、領域内に新しい土地が形成され、領土が増加することによって得られる権原です。自然現象による場合だけでなく、海岸の埋立てや島の造成など、人工的に土地を形成することも添付として認められます。なお、すでにふれたように、いずれの国の領域でもない公海に島が出現した場合は、無主地として先占の対象となります。[28]

⑦　征服

征服は、国家が実力を用いて、他の国の領土の全部また一部を支配することです。征服の要件は、領有の意思をもって、他の国の領土に対する支配が実効的かつ確定的に行われることです。武力行使が違法とされている現代の国際社会では、違法な武力による征服は認められません。[29]

（2）新たな領域権原の可能性

（1）で見た領域権原様式のいずれかをみたすことにより、権原を取得した国は、権原を有する陸地を「領土」とし、そこに領域主権を行使できるようになります。たとえば、ある土地が無主地ならば、最初に占有した国のみが先占により権原を取得することができます。伝統的な領域権原の様式は「権原および権原保持者が対象領域に対して一つの権原を設定する体系」[30]であり、複数の国の権原が「競合」し、紛争が生じることは想定されていなかったのです。[31]しかし、実際には、竹島問題のように、権原の主張が競合することによって紛争が発生しています。しかも、事実関係が複雑かつ多様なことが多く、その複雑さと多様性が紛争の原因になっていることも少なくありません。たとえば、先占が主張される場合、対象領域が無主地だったのか、それとも他国の領域だったのか、さらにはどの国が実効的支配を行ってきたのか、総じて、それらを決定する際に必要な事実関係を認定するのはきわめて困難です。[32] 紛争当事国が「領有の根拠として援用する領域権原が決して絶対的なものではないからこそ、権原が競合して領域紛争が発生する」のです。[33]

このように、伝統的な領域権原の取得様式は、竹島問題のように、ある陸地をめぐって領域権原の主張が競合するような事態を解消するための法的基準を、必ずしも提供するものではありません。このことは、領域紛争の解決を依頼された国際裁判所が、領域権原の主張が競合している地域を、いずれの国に帰属させるかを判断するさいに、伝統的な領域権原に必ずしも依らず、独自の基準を提示して解決してきたことからもわかります。[34] たとえば、後世に大きな影響を与えたと言われている一九二八年のパルマス島事件では、「領域主権の継続的かつ平穏な行使」が権原に相当するとしたうえで、当事国が提出した証拠に照らして、その優劣を判断し、争われている島の帰属が決定されました。[35] また、一九三三年の東部グリーンランド事件では、デンマークによる領域主権の継続的かつ平穏な行使または表示という客観的事情と、デンマークによる主権の行使に対する相手国ノルウェーの承認という主観的事情に依拠して、デンマークに係争地域が帰属するとの判決が下っています[36]。「領域主権の継続的かつ平穏な行使または表示」は、上述の先占の要件の一つである実効的支配に相当します。しかし、いずれの判決も、係争地域が「無主地」であるとの認定を行っていません。すなわち、先占を根拠に帰属の有無を判断したわけではないということになります。

こうして、国際裁判所は、伝統的な「領域権原を絶対的なものとみなしてそのどれか一つを取り出し適用することにより領域紛争を解決するのではなく、むしろ領域権原を相対化して[37]、その根幹にある要素を取り出して対立する見解を比較し[38]」、相対的により有力な法的論拠を提示した国に争われていた地域を帰属させてきました[39]。

それでは、具体的に、どのような法的論拠を提示すれば、「相対的により有力」と判断されるのでしょうか。多くの関連裁判例がありますが、そのすべてをとりあげるのは、紙幅の関係上できません。そこで、以下では、竹島問題との類似性が指摘され、折に触れて参照されるマンキエ・エクレオ事件をとりあげます。国際裁判では、どのような点が重視されてきたのか、その実態に迫ってみることにしましょう。

(12) 国際法学会編『前掲書』注（9）八七七—八七八頁（臼杵知史執筆担当）。

(13) 柳原『前掲書』注（7）一〇一頁。See also Marcelo G. Kohen and Mamadou Hébié, 'Territory, Acquisition', in Rüdiger Wolfrum (ed.), *The Max Planck Encyclopedia of Public International Law*, Vol. IX, Oxford University Press, 2012, p. 888, para. 1.

(14) 「近代国際法は、ローマ教皇と神聖ローマ皇帝とによって表徴された普遍的権威によって政治的にも精神的にも統一されていた中世のキリスト教世界が崩壊し、その後に成立した主権的な……近代国家相互の関係を規律するものとして徐々に形成されたものであった」と考えられています。おおよそ16世紀後半から17世紀初頭にかけての出来事です。田畑茂二郎『国際法Ⅰ〔新版〕』（有斐閣、一九七三年）一四—一五頁。

(15) 柳原『前掲書』注（7）一〇〇—一〇一頁。このほか、日韓についてはあてはまりませんので、本文ではふれませんでしたが、新国家が成立する場合もあります。新国家が支配する陸地はその国家の領域とみなされますので、伝統的な領域権原によらずに帰属が決定されます。同上、一〇一頁。

(16) Ian Brownlie, *Principles of Public International Law*, Seventh Edition, Oxford, p.142.

(17) 河錬洙「『竹島紛争』再考—領域権原をめぐる国際法の観点から—」龍谷法学三三巻二号二三八頁、朴培根「日本による島嶼先占の諸先例—竹島／独島に対する領域権原を中心として—」『国際法外交雑誌』一〇五巻二号、一七六頁。日本は、「竹島は昔から日本固有の領土である。固有の領土であるか否かは、実効的に支配・経営してきたかが最も決定的な要素となる」とし、「原始的権原の存在と相対的に強い実効的支配・占有による取得」を主張しているとされます。河「前掲論文」、二三二—二三三頁。この立場は現在でも維持されており、「一九〇五年一月二八日の閣議決定」から「一九〇五年二月二二日の島根県告示四〇号」にいたるまでの一連の措置は、領有の意思を「再確認」したものと説明されています。日本外務省「竹島問題10のポイント」、一一頁（https://www.mofa.go.jp/mofaj/area/takeshima/pdfs/takeshima_point.pdf で閲覧可能）。これに対し、「竹島／独島に対する領域権原を近代国際法に照らして確実なものにするために」、日本が追加的措置をとることは、「論理的に可能なこと」であるが、日本による他の島嶼編入の諸先例と比較して、一連の措置にそのような意図があったと結論するに足る根拠はないとの見方もあります。朴「前掲論文」、一八八—一八九頁。「他の島嶼編入の諸先例」とは、後述（注（22）参照）の小笠原諸島などの編入措置を指しています。そのなかに、竹島が含まれていないことから、上記のような結論にいたっています。

（18）朴「前掲論文」注（17）一七六―一七七頁。日本は、おそらくこのような観点から、「近代国際法上領土取得の要件は、国家としての領有の意思、その意思の公示、適当な支配権力の確立である。しかし、開国以前の日本には国際法の適用はないので、当時にあっては実際に日本で日本の領土と考え、日本の領土として取り扱い、他の国がそれを争わなければ、それで領有するには十分であったと認められる。」と主張していました。塚本孝「竹島領有権をめぐる日韓両国政府の見解」レファレンス二〇〇二年六月六〇頁、太寿堂鼎「竹島紛争」同『領土帰属の国際法』（東信堂、一九九八年）一四三頁、芹田健太郎『日本の領土』（中公叢書、二〇〇二年）一五三頁。

（19）ベルリン一般議定書は、植民地獲得を目指すヨーロッパ諸国の利害が、中央アフリカの地をめぐって衝突し、それを調整するために締結された条約です。藤田久一『国際法講義（第二版）』（東京大学出版会、二〇一〇年）二四一頁。

（20）同上、二四二頁、金東勲ほか『ホーンブック国際法（再改訂版）』（北樹出版、一九九八年）八四頁（芹田健太郎執筆担当）。

（21）Malcom N Shaw, *International Law*, Eighth Edition, 2017, Cambridge University Press, p. 372.

（22）柳原『前掲書』注（7）一〇三頁。中島島は、その後実在しないことが確認されています。同上。

（23）同上。もっとも、カシキリ／セドゥドゥ島事件で、当事国（ボツワナとナミビア）は、取得時効が国際法上認められていること、および取得時効により領域権原を取得しうる条件について合意していました。当事国間の見解の相違は、この事件で条件がみたされているかどうかという点にありました。裁判所は、事実関係から、条件がみたされていないので、国際法上取得時効がどのような地位を有するか、または時効により領域権原を取得する条件について関心をよせる必要はないとの判決を下しています。*Kasikili/Sedudu Island (Botswana/Namibia), Judgment, I. C. J. Reports 1999*, pp. 1103-115, paras. 94-97.

（24）小寺彰・岩沢雄司・森田章夫編『講義国際法（第二版）』（二〇一〇年、有斐閣）二四五頁（柳原正治執筆担当）、塚本孝「国際法から見た竹島問題」平成二〇年度「竹島問題を学ぶ」講座第五回講義録四頁。

（25）条約法に関するウィーン条約の五二条は、「国際連合憲章に規定する国際法の諸原則に違反する武力による威嚇又は武力の行使の結果締結された条約は、無効である。」と規定しています。

（26）藤田『前掲書』注（19）二四五頁、小寺ほか編『前掲書』注（24）、塚本「前掲論文」注（24）。

（27）金東勲ほか『前掲書』注（20）八五頁。

(28) 藤田『前掲書』注（19）二五〇頁。

(29) 同上、二四五頁、金東勲ほか『前掲書』注（20）八四頁。

(30) 許淑娟「領域権原論再考（二）」国家学会雑誌第一二二号一・二号、二六頁。

(31) 柳原『前掲書』注（7）一〇六頁、酒井啓亘「国際裁判による領域紛争の解決」国際問題六二四号一一頁、許淑娟「領土帰属法理の構造—権原とeffectivitésをめぐる誤解も含めて」同上六二四号二三頁。濱川今日子「尖閣諸島の領有をめぐる論点」調査と情報第五六五号二頁。領域権原は、要件を満たしさえすれば、「領域への帰属と属地的な権能の行使という法的効果」が認められる「絶対的権原」ないし「対世的権原」ととらえることができるとされます。小寺ほか編『前掲書』注（24）二六一頁。

(32) 柳原『前掲書』注（7）一〇六頁、太寿堂「前掲論文」注（18）一三九—一四〇頁。

(33) 酒井「前掲論文」注（31）一一頁。同様の指摘として、小寺ほか編『前掲書』注（24）二六二頁。

(34) G. Distefano, "The Conceptualization (Construction) of Territorial Title in the Light of the International Court of Justice Case Law," *Leiden J.I.L.*, Vol. 19 (2006), p. 1048.

(35) *Island of Palmas Case, supra* note 10, p. 839.

(36) *Legal Status of Eastern Greenland, Judgment, 1933, P.C.I.J., Series A/B, No. 53*, pp. 45-51, 73

(37) *Ibid.*, p. 46.

(38) 酒井啓亘・寺谷広司・西村弓・濵本正太郎『国際法』（有斐閣、二〇一一年）一九〇—一九一頁。

(39) Shaw, *supra* note 21, p. 364.

四、国際裁判で提示された領域紛争の解決基準――マンキエ・エクレオ事件をめぐって

日韓両国の間に、竹島の帰属を明記している条約はありません。[40] そして、両国は、互いに古くから竹島／独島を領有してきたと主張しています。こうして、「係争国が歴史的事実を援用し、相競う主張をしているという意味で」、竹島問題は国際司法裁判所の「マンキエ・エクレオ事件に類似している」とされます。[41] それゆえに、竹島問題を解決するためには、この判決にならい、日韓のいずれの側がより有力な法的論拠を提示しているかを判定するほかない、との見解も示されているほどです。[42]

数多ある裁判例の中から、この事件をとりあげるのは、かねてより竹島問題との類似性・関連性が指摘されており、「国際法にのっとり、冷静かつ平和的に紛争を解決」しようとする日本にとっては、きわめて重要な裁判例と考えられるからです。

ところで、国際司法裁判所は、付託される紛争を「国際法」にしたがって裁判することを任務としています（国際司法裁判所規程三八条一項）。それでは、裁判所は、どのような「国際法」を適用して、判決を下したのでしょうか。

（1）事実

マンキエとエクレオは、イギリス領チャンネル諸島に含まれるジャージー島とフランス本土との間にある小島群です。それぞれが、居住できる二、三の小島とそれよりも小さい多くの小島、さらに無数の岩礁から構成されています。エクレオは、ジャージー島の北東にあって、同島にもっとも近く、常時水面上にある岩礁から測って三・九海里、フランスの沿岸からは六・六海里のところにあります。マンキエは、ジャージー島の南にあり、同じ岩礁から九・八海里、フランス本土から一六・二海里のところにあります。マンキエは、フランス領ショセイ諸島から八海里のところにあります。[43]

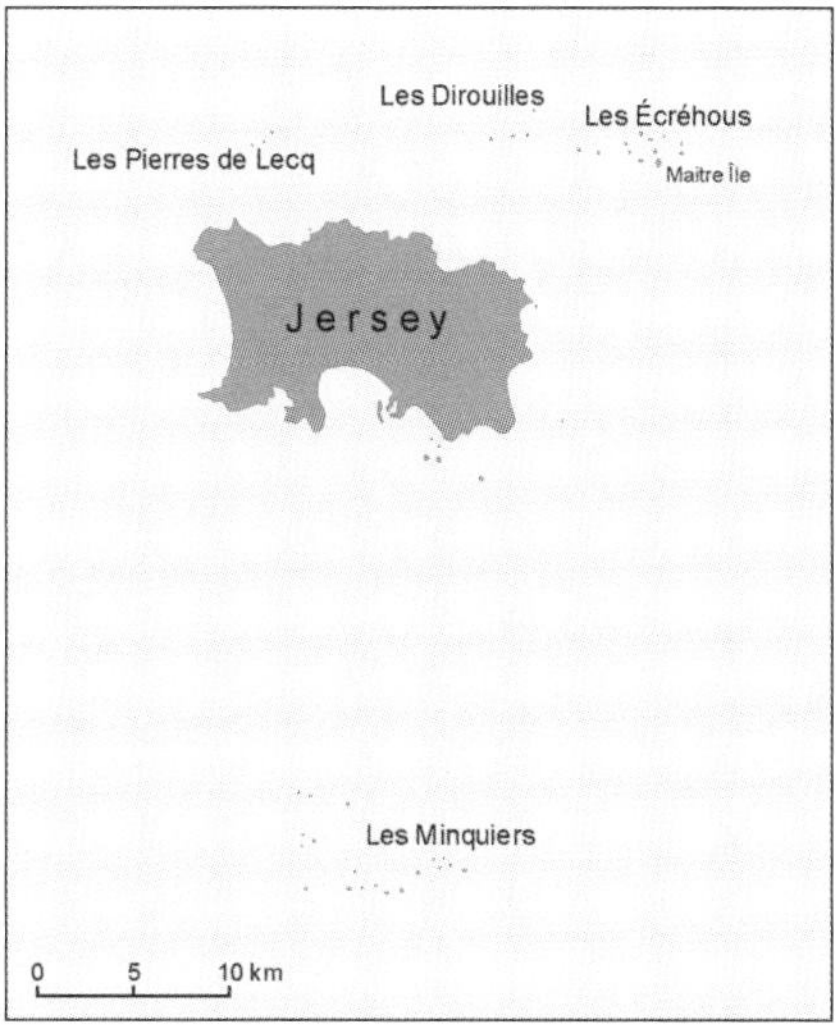

図：マンキエとエクレオの位置（詳細）
（https://ja.wikipedia.org/wiki/チャンネル諸島#/media/File:Jersey-islands.pngより）

一九世紀の末以来、イギリスとフランスは、マンキエとエクレオの帰属をめぐり争ってきましたが、一九五〇年一二月、両国は特別協定を締結し、この問題を裁判で解決することに合意しました。特別協定は、まず、両国がマンキエとエクレ

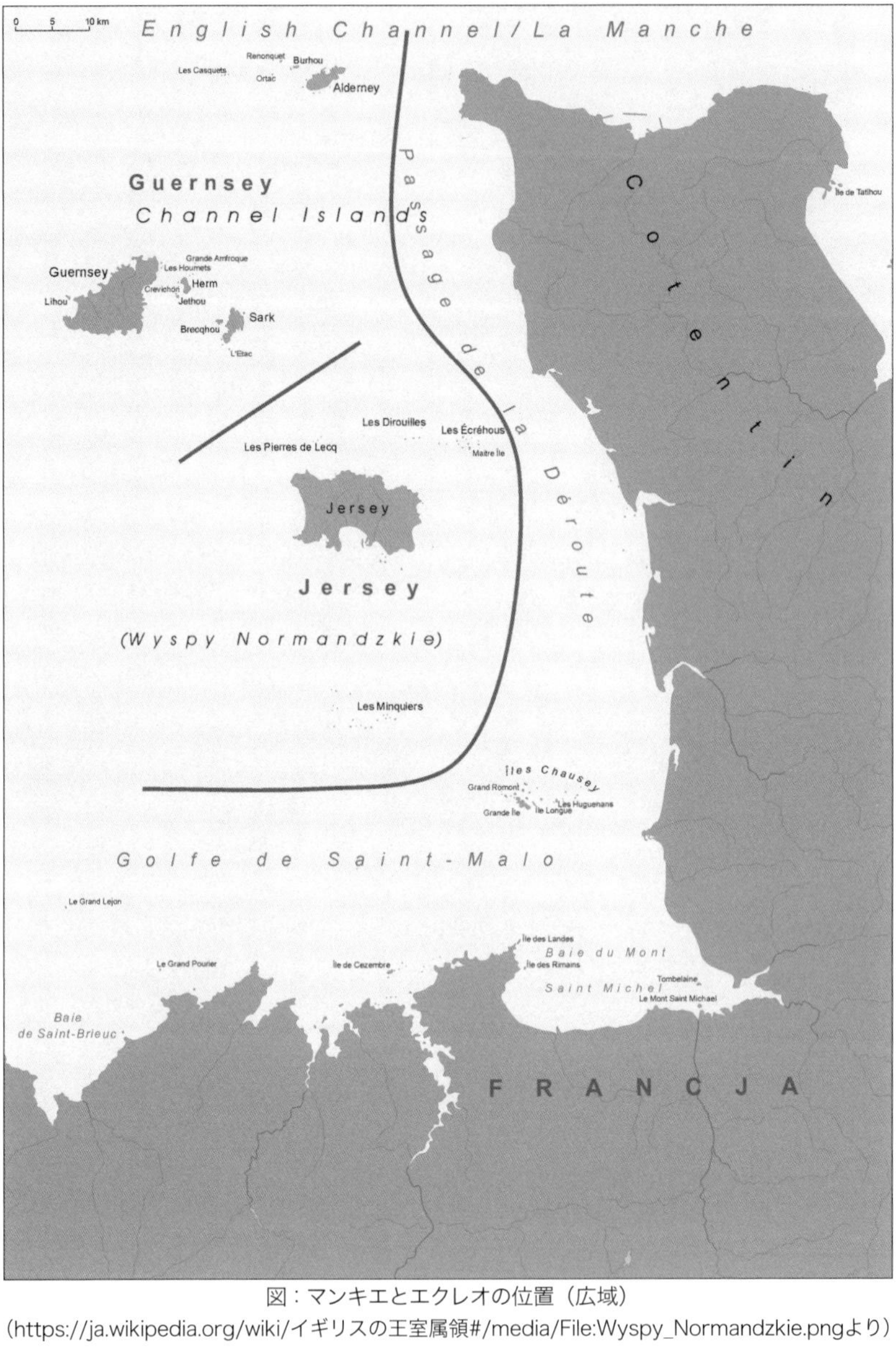

図：マンキエとエクレオの位置（広域）
（https://ja.wikipedia.org/wiki/イギリスの王室属領#/media/File:Wyspy_Normandzkie.pngより）

オに対して主権を有していると主張していることから、見解の相違が生じていること、両国はこの見解の相違を国際司法裁判所の判決により解決することを望んでいることを確認しています。そのうえで、「裁判所に対し、マンキエとエクレオの小島と岩礁に対する主権が、（それらが占有できる限りで）イギリスとフランスのどちらに帰属するかを決定するよう要請」しました。(44)

イギリスは、国際法上、マンキエとエクレオの小島と岩礁に対する完全かつ不可分の主権を要求する権利がある、と主張しました。これに対して、フランスも、マンキエとエクレオの小島と岩礁に対する主権は、これらが占有できる限りで、フランスに帰属する、と主張しました。このような両当事国の主張を考慮して、裁判所は、どちらの当事国が、これらのどちらか一方、または両方に対して権原を有していると確信させるに足るより説得力のある証拠を提出しているかを決定しなければならない、と最初に述べています。(45)

（2）紛争の性質

さて、両当事国はともに、マンキエとエクレオに対し、古くからの権原または原始権原(an ancient or original title) を有し、その権原は失われることなく、常に維持されてきた、と主張していました。それゆえ、本件は、「無主地」に対する主権の取得をめぐる紛争ではないと認定されています[46]。

(3) 争点

① 「古くからの権原」(an ancient title)

イギリスによれば、一〇六六年にノルマンディ公ウィリアムが行ったイングランド征服[47]から、「古くからの権原」が導きだされます。これにより、イングランドは、チャンネル諸島(マンキエとエクレオが含まれます)を領土の一部とするノルマンディ公国と統合されたからです。一二〇二年から一二〇四年にかけて、フランス王によってノルマンディが征服されたため、統合は解消されますが、チャンネル諸島は引き続きイングランドに帰属し、その後締結された諸条約は、この状態を法的に確認したとされます[48]。

これに対し、フランスは、統合が解消された一二〇四年に、エクレオとマンキエはフランスが保有することになったと反論しました。その根拠として、イギリスと同じ中世の諸条約をあげます[49]。

こうして、両国は同じ条約に依拠しながら、相反する主張をしたので、裁判所は、これらの諸条約がマンキエとエクレオの地位を明らかにしうることを含むものであるか否かを審査します。その結果、いずれもマンキエとエクレオの地位についてふれた規定がなく、イギリスとフランスのどちらに保有されていたのかという点について、これらの諸条約から結論を導き出すことはできないとしました。(50)

他方、裁判所は、次のような事実に着目しています。一二〇〇年、イングランド王は、直臣に対し、チャンネル諸島のいくつかの島を「封土として領有すること」を認める特許状（Charter）を出しました。一二〇三年には、この直臣が、「エクレオ島全体」を、イギリス王が「私に与えた」と述べて、修道院に寄進しています。裁判所によれば、これは、この直臣が王から受領していた諸島の封土の不可分の一部として、エクレオを扱っていたことを示すものとされます。イギリスは、これら以外の古文書や条約に依拠し、中世において、チャンネル諸島は大陸ノルマンディとは明確に区別されており、統合解消後も、チャンネル諸島の一部としてエクレオとマンキエはイギリスに帰属していたとの見解を提示します。裁判所は、歴史的事実(51)にかんがみて、このイギリスの見解を支持するに足る強い推定があることを認めます。とはいえ、結局のところ、エクレオとマンキエに対する主権の問題は、これらの占有に直接関係する証拠にもとづき決定されなければならないとして、上記の事実だけでは、最終的な結論を引き出すことはできないとしています。[52]

② 原始権原

次に、フランスの主張の審査に移ります。フランスは、ノルマンディ公がフランス王の領臣だったこと、一〇六六年以降、イングランド王がノルマンディ公としてフランス王の授与する封土として領有したことから、自らに原始権原があるとしています。[53] また、フランスは、一二〇二年にフランスの裁判所が下した判決により、イングランド王は、フランス王の授与する封土として保有したすべての土地（ノルマンディ—全体を含む）を没収された、とも主張していました。

これに対し、イギリスは、ノルマンディに関して、フランス王が持っていた封建的権原（the feudal title）は名目上のものにすぎない、と反論します。また、イギリスは、フランスのあげた判決が、仮に存在するとしても、フランスの言うような効力をもたらしえなかったと主張しています。

この点につき、裁判所は、こうした対立は、多かれ少なかれ、不明確で争いのある見解にもとづき生じているのであって、本件でこの歴史論争を解決する必要はないとします。

そして、次のように述べます。「フランス王が、もともとチャンネル諸島について封建的権原という原始権原を持っていたとしても、かかる権原は、一二〇四年とそれ以降の出来事の結果、失効していたにちがいない」。封建的権原は、「その当時の法にしたがい、別の有効な権原に引き継がれなかったならば、今日、いかなる法的効果をも生じさせうるものではない」。

一二〇二年の判決については、裁判所は、仮に存在したとしても、チャンネル諸島に関しては執行されなかったと言います。フランス王は、短期間しか、チャンネル諸島を占有できなかったからです。

また、フランスは、①で見たように、一二〇四年にフランス王が大陸ノルマンディを占領し、ノルマンディ公領が分離されたとき、エクレオとマンキエはフランスに帰属し、それ以降フランス領にとどまり続けていると主張していました。この点につき、裁判所は、その後、フランス軍がチャンネル諸島を一時的に占領した時期があったこと、イギリス王が大陸ノルマンディを再度征服し、一五世紀のかなりの期間ノルマンディを保有していたことから、一二〇四年にノルマンディ公領が分離されたことにより、なぜフランスが主張するような法的結果をもたらすことになるのか、理解しがたいと言います。そして、裁判所は、「決定的に重要なのは、中世の時代に生じた出来事から導かれる間接的な推定ではなく、エクレオとマンキエの占有に直接関係する証拠である」と言います。(54)

③　漁業条約の効果

裁判所は、直接関係する証拠を審査するまえに、三つの問題を検討しています。

一つは、両国が、一八三九年八月二日に締結した漁業（特に、ジャージー島と隣接するフランスの沿岸との間におけるカキ漁）に関する条約が、エクレオとマンキエの帰属に及ぼす効果です。両当事国は、この条約により、エクレオとマンキエに対する主権の問題は解決しなかったことを認めていました。しかし、フランスは、この条約により設定された共同漁業水域内に、マンキエとエクレオの小島と岩礁が含まれることになったが、それは、これらの小島と岩礁に対する領域主権に影響を及ぼすものではないと言います。それゆえ、条約の締結日以降に、両当事国が小島と岩礁について行った行為は、他方当事国に対して領域主権の表示（manifestations of territorial sovereignty）として主張できず、条約の締結日までに一方の当事国に帰属していた主権は、今日もその当事国に帰属し続けている、とされます。

裁判所は、共同漁業水域が設定されたからといって、それ以降、両当事国がこの小島について行った主権の表示を伴う行為に依拠することは、必ずしも妨げられないとしました。条約は漁業に関するものであって、陸地領域の共同利用を定めるものではないので、それ以降主権を取得する、あるいは主権を主張し、その後とった主権の表示を伴う行為に依拠することもできたはずだと言います。

さらに、フランスの主張とフランスがとってきた態度との矛盾を指摘しています。フランスは、一八八六年にエクレオに対して、マンキエに対しては一八八八年に主権を主張していています。その後も、主権を確立するために、一八三九年以降にとった措置に依拠してきたことは、関係文書から明らかになっています。そもそも、本件を裁判所に付託することを決定した特別協定は、現在、どちらの当事国に主権が帰属しているのかを決定するよう求めています。フランスは、一八三九年の時点で、どちらの当事国に主権が帰属していたかを決定するべきであると主張していますが、これは特別協定と矛盾している。このように述べて、裁判所は、漁業条約の効果に関するフランスの主張をしりぞけました。(33)

④　決定的期日

もう一つは、「決定的期日」に関する問題です。イギリスは、両当事国は長年にわたりマンキエとエクレオに対する主権について意見があわなかったが、一九五〇年一二月に特別協定が締結されるまで、紛争は「具体化」していなかったと主張しました。それゆえ、この期日が決定的期日であって、裁判所は、これより前になされた行為をすべて審査しなければならないと言います。これに対し、フランスは、上述の漁業条約の締結日が決定的期日であり、それより後の行為はすべて審査対象にしてはならないと主張しました。

裁判所は、フランスが、はじめてエクレオとマンキエに対する主権を主張したのは、それぞれ一八八六年と一八八八年であり、それまでは、これらに対する主権をめぐる紛争は発生していなかったと認定します。カキ漁を排他的に行う権利について、長年、両当事国の間に見解の不一致があったものの、それはエクレオとマンキエに対する主権の問題と関連づけられておらず、漁業条約が締結された時点で、本件紛争はまだ生じていなかったとされます。もっとも、裁判所は、このように述べる一方で、本件の特殊な事情を考慮し、紛争発生後になされた行為であっても、その措置が関係当事国の法的立場を改善するためにとられたものでない限り、審査するべきであるとします。マンキエとエクレオに関する活動は、紛争が発生するかなり前から徐々にあらわれ、以来、中断されることなく、かつ同様の方法で行われてきました。それゆえ裁判所によれば、一八八六年および一八八八年以降に発生した行為であっても、それ以前から継続して展開されてきた出来事を、すべて審査対象から外すのは不当だとされます。(56)

⑤　属島論

第三に、イギリスによる、マンキエとエクレオは「ジャージー諸島の属島」なので、イギリスの主権が及んでいたとの主張を審査しています。イギリスは、「この条約で用いられる『イギリスの諸島（British Islands）』および「連合王国（United Kingdom）」とは、ジャージー、ガーンジー、オルダニー、サークおよびマンの諸島ならびにそれらの属島を含むものとする。」と規定する条約をいくつか援用し、「属島」であることを立証しようとしました。

裁判所は、条約の文言から、チャンネル諸島に属島が存在することはわかるとします。しかし、条約の締約国が、「イギリスの諸島」や「属島」の中に、マンキエとエクレオが含まれる、あるいは反対に、含まれないと意図していたことを立証するに足る証拠をなんら提示するものではないとして、イギリスの主張をしりぞけました。(57)

このように認定したうえで、いよいよ、裁判所が、「決定的に重要」とみなしたエクレオとマンキエの占有に直接関係する証拠の審査に入ります。

⑥ エクレオの占有に直接関係する証拠

(a)「イギリス王はエクレオを封土の不可分の一部として扱っていた」

まず、上述の一二〇〇年と一二〇三年の特許状から、イギリス王がエクレオを封土の不可分の一部として扱っていたことを確認します。

この点につき、フランスは、一二〇三年に、直臣がエクレオを修道院に寄進したことにより、直臣と修道院との封建的なつながりが断ち切られ、エクレオはチャンネル諸島の封土の一部ではなくなったと主張していました。フランスによれば、エクレオはフランス本土にある修道院を介して、ノルマンディ公の支配下にあり続けた。そして、一二〇四年に、フランス王が大陸ノルマンディーを占領した後に、ノルマンディ公の権利を継承したとき、修道院は「エクレオとともに、領主となったフランス王の保護下におかれた」。

この主張に対し、裁判所は、次のような事実を指摘しています。一三世紀のノルマンディの大慣習法集によると、このような寄進によって封建的なつながりが断ち切られることはなかった。したがって、この直臣は、彼の領臣たる修道院長および彼の領主たるイングランド王とともに、チャンネル諸島の封土の一部として、エクレオを保有し続け、イングランド王はそのように寄進された土地で裁判権を行使し、税を徴収し続けた。このことは、一三〇九年に行われた訴訟の記録からもわかる。この訴訟は、イギリス王の財産と収入を調査するために数多く行われ、召喚された人々は、各自の財産を所有する根拠を示すよう求められた。[58] 修道院長も、エクレオ分院の聖職者推挙権（*advocatio*）[59] と地代について答弁するために召喚された。ノルマンディに古くから伝わる慣習によると、この聖職禄へ守護者を推薦する権利は、土地に固有の、かつ、その権利が付随する封土の領域と切り離せない対物権（*jus in rem*）[60] とみなされ、そのように扱われていた。それゆえ、修道院長が、国王の裁判官の前で、この権利について答弁するために、ジャージーに召喚されたのは、エクレオが、イギリス王の領地内にあったからである。エクレオの分院長が、召喚に応じて修道院長の代理人として出廷したとき、裁判官は、エクレオについて裁判権を行使した。そのとき、裁判官は、「国王のお気に召す限り、現在と同様に、分院長には、前記財産（*premissa*）を保有することが許される」と決定した。

エクレオの分院長は、一三二三年と一三三一年にも、ジャージーで三つの訴訟に関与しており、当時、エクレオとジャージーとの間に密接な関係があったことがわかる。また、イングランドとフランスとの百年戦争[61]が勃発する直前の一三三七年に、イギリスの王が、ジャージーとガーンジーの一〇人の分院長に保護状を与えたが、その中に「ジャージー島 *Acrehowe* の分院長」（*"Prior de Acrehowe de Insula de Iereseye"*）と称されたエクレオの分院長が含まれていた。このような保護が、エクレオの分院長に与えられたのは、エクレオの分院がイギリス王の権限の下に置かれていたからである。[62]

こうして、一四世紀の前半まで、エクレオがイギリスの支配下に置かれていたことを確認しました。そのうえで、イギリスが提出した多種多様な事実の審査に進みます。裁判所は、とりわけ、裁判権ならびに地方行政の実施および立法に係る行為に証拠としての価値を認めるとしました。[63]

(b)　刑事裁判権の行使

裁判所によると、一四世紀後半以降、エクレオとジャージーの関係は希薄になったが、エクレオ周辺水域のカキ漁の重要性が増した一九世紀の初頭からふたたび関係が緊密になりました。[64]この時期に生じた出来事のうち、裁判所がまず着目したのは、刑事裁判権の行使です。

一八二六年から一九二一年にかけて、ジャージーの国王裁判所で、ジャージーの者がエクレオで行った犯罪についての刑事訴訟が数回行われています。イギリスが提出した証拠によると、国王裁判所は、ジャージーの管轄区域外で行われた犯罪については、被疑者がジャージーに居住しているイギリス人であっても、裁判権を有さなかったとされます。したがって、ジャージー当局がエクレオをジャージーの管轄区域内とみなし、また、ジャージーの裁判所が、ほぼ百年間にわたり、エクレオについて刑事裁判権を行使してきたことが明らかになると認定しています。(65)

(c)　地方行政の実施

次は、地方行政の実施です。提出された証拠によれば、一八二〇年よりも前から、ジャージーの者が、エクレオに家や小屋を建て、出漁期の間、そこに滞在していました。これらの家や小屋のいくつかは、一八八九年以降ジャージーの教区の記録に記載され、教区税を徴収するために査定されていました。イギリスは、一八八九年と一九五〇年の徴収税額表を、証拠として提出しています。

また、ジャージー港の漁船登録簿には、四〇年以上エクレオに常住していたジャージー漁民の所有する漁船が、一八七二年に登録されていました。そこには、船籍港または船籍地が「エクレオ岩礁」で、一八八二年に目的外使用のため抹消登録されたとの記載もありました。ジャージーの税関長が、一八七六年に出した書簡によると、ジャージー島の職員が、その船の免許を更新するために、時折エクレオを訪れていたそうです。

さらに、一八六三年以後数回にわたり、エクレオに所在する不動産の売買契約が、ジャージーのしかるべき当局の前で締結され、ジャージー島の登記所で登記されています。一八八四年には、ジャージーの税務当局が、エクレオに税関を設立しています。ジャージー当局は、エクレオを国勢調査の範囲内に含め、一九〇一年には、調査官がエクレオを訪問しました。

裁判所は、これらのさまざまの事実に照らして、ジャージー当局が、エクレオについて、長期間にわたり種々の方法で地方行政を実施してきたと認定しています。[66]

(d) 立法

一八七五年、イギリスは、法律でジャージーをチャンネル諸島の港とし、エクレオをこの港の範囲内に含める旨を定めました。裁判所は、この法律を、本件紛争がまだ発生していなかったときに、エクレオに対するイギリスの主権を明確に表示するものだったと評価しています。一八七六年に、フランスは、この法律が一八三九年の漁業条約から逸脱しているとして抗議していますが、主権の表示としての性質を奪うことはできなかったとされます（理由は後述の⑦で説明します）[67]。

(e)　施設の構築

その他、一八八五年以降、ジャージー当局がエクレオを定期的に公式訪問し、そこで、船台（一八九五年）、信号柱（一九〇〇年）、係船浮標の設置（一九三九年）など、さまざまの土木工事や建築を施工していることにも言及しています[68]。

(f)　フランスの対応

フランスは、一六四六年に、ジャージーが、住民に対しエクレオおよびショセイ諸島での漁業を特別の許可なく行うことを禁止し、また一六九二年に、イングランドとフランスとの間に戦争が発生したため、エクレオへの渡航を制限したことから、エクレオはイギリスの領域とみなされていなかったと主張していました。しかし、裁判所は、これらのことから、フランスが主張するような推論を当然に導けるとは考えませんでした。

裁判所が重視したのは、フランスの対応です。沿岸漁業に関して、一九世紀初頭に両国政府間で外交交渉が行われました。その際、フランス大使は、本国の外務省に、公文（一八二〇年六月付）を送りました。その公文には、両国の漁民が独占して漁業を行える範囲を定めるために作成された海図が二枚添付されていました。これらの海図は、マンキエとエクレオの一部をイギリス領と記していました。また、エクレオのその他の部分が無主地とされていたことは明らかだとされます。上述のように、一八七五年にイギリスが制定した法律に対し、フランスは一八七六年に抗議しますが、このときフランスはエクレオに対する主権を主張するのではなく、無主地として扱うよう求めていたからです。それから十年後の一八八六年に、フランスは、エクレオに対する主権をはじめて主張したのでした。(69)

裁判所は、これらの事実に照らして、次の諸点を認定し、エクレオに対する主権がイギリスに帰属するとの結論にいたりました。

・一三世紀の初頭、エクレオはイギリス王が保有するチャンネル諸島の封土の不可分の一部とみなされ、かつ、そのように扱われていた。

・一四世紀の初頭、エクレオは、イギリス王の支配下に置かれていた。

・一九世紀の大部分と二〇世紀に入ってから、イギリス当局が、エクレオについて国家の諸機能を行使していた。

・フランスは、エクレオに対して有効な権原を有していることを立証するに足る証拠を提出していない。(70)

⑦　マンキエの占有に直接関係する証拠

(a)　裁判権の行使

イギリスは、一六一五年から一六一七年までの間に、マンキエ周辺で難破した貨物に関する事件が、ノワールモンの裁判所で審理されていることから、マンキエがジャージーの封土ノワールモンの一部だったと主張していました。

裁判所は、ノルマンディの大慣習法集を引用しながら、地方の裁判所の管轄は属地的なもので、マンキエがノワールモンの一部とみなされていなければ、これらの事件を審理できなかったとし、イギリスの主張を認めました。(71)

(b)　地方行政の実施

この点については、エクレオとほぼ同じ事実が認定され、マンキエについてもジャージー当局が、長期間にわたり種々の方法で地方行政を実施してきたと認定しています。[72]

(c)　施設の構築

この点についても、エクレオとほぼ同じ事実が認定されています。[73]その他、一八八五年以降、ジャージー当局がマンキエを定期的に公式訪問し、そこで、船台（一八九五年）、信号柱（一九一〇年）、係船浮標の設置（一九三九年）など、さまざまの土木工事や建築を施工していることにも言及しています。

以上のことから、裁判所は、一七世紀初頭のマンキエは、ジャージーの封土ノワールモンの一部となっており、一九世紀の大部分と二〇世紀において、イギリス当局が、マンキエについて国家機能を行使していたと認定しています。[74]

(d)　フランスの対応

一八二〇年、在ロンドンフランス大使は、外務省に、フランス海軍大臣がフランス外務大臣に宛てた書簡を送っています。その書簡には、マンキエは「イギリスが占有している」との一節があり、また、同封の海図の一つは、マンキエをイギリス領と記していました。フランスは、合意にいたらなかった交渉の過程で示された了解なので、これはフランスの見解とは言えないと主張しました。しかし、裁判所は、書簡は事実について述べたものであって、フランス大使はこの点についていかなる留保も表明していなかったので、これは、当時のフランスの公式見解を表す証拠であると認定しました。そのことを裏付ける事実として、一八六九年に、在パリイギリス大使館がフランス外務大臣宛てに送った公文を挙げています。イギリス大使館は、マンキエでフランス漁民が行ったとされる窃盗について苦情を申し立てるとともに、マンキエを「チャンネル諸島の属島」と位置づけていました。フランスは、フランス漁民を起訴することについては異議を唱えましたが、マンキエがチャンネル諸島の属島であるとの一節には、何も述べませんでした。フランスがマンキエに対する主権をはじめて主張したのは、一八八八年です。

また、一九二九年に、フランス国民が、フランス当局も同意した賃貸借により、マンキエに家を建て始めました。これに対し、イギリスが抗議したところ、建設は中断されました。一九三七年に、フランス大使が外務省に宛てた公文から、フランス政府の強い勧めにより中断されたことがわかるとされます。公文には、「フランス政府は、マンキエとショセイとの距離がごくわずかであるにもかかわらず、数年前、フランス国民がマンキエに土地を取得することを、躊躇することなく阻止した。」と記されていたからです。

フランスは、マンキエの照明と浮標の管理を単独で行ってきたことや、マンキエに仮の信号灯を建設したこと、さらに、首相と空軍大臣が浮標管理を視察するためにマンキエを訪問したことを、占有に直接関係する証拠として援用していました。しかし、これらの事実は、フランスがマンキエに対して有効な権原を保有していることを立証するに足るものとは認定されませんでした。上述のような対応をフランスがとっていたことに照らして、いずれも、「主権者として行動する意思」があったことを証明するに足る証拠とはいえず、また、国家機能の表示を伴うものとみなすこともできないからだとされます。

こうして、マンキエに対する主権も、イギリスに帰属するとされたのです。(75)

(4) 小括

それでは、整理をしておきましょう。

(a)　両国は、いくつかの条約を援用しましたが、いずれもマンキエとエクレオの地位についてふれた規定がないことから、帰属についての結論を導き出すに足る根拠にならないとされました。

(b)　「古くからの権原」や「原始権原」は、いずれも占有に直接関係しない証拠だけでは決定打とはならず、イギリスの「見解を支持するに足る強い推定」が導かれるにとどまるとされました。とはいえ、フランスの主張した原始権原は、その後の歴史的事実に照らして、失効した可能性が高いと判断されたため、「別の有効な権原」に引き継がれる必要があるとしています。イギリスには、これを立証する責任が課されていないため、この段階で、イギリスが優勢になっていると言えるでしょう。その意味で、広く知られている史実と矛盾しない歴史的事実を、相手国よりも正確にかつ説得力のある方法で叙述することは重要です。これができれば、「古くからの権原」や「原始権原」を保有し続けているとの推定を得ることができるからです。なお、途中人が寄り付かなくなり、当時の状況をうかがい知ることができない時期（本件では十四世紀後半から十九世紀の初頭まで）があっても、この推定が直ちに覆えることはないと解されます（上述⑥(b)参照[76]）。

(c)　漁業条約については、両当事国がエクレオとマンキエに対する主権についての問題を解決したものではないと認めていました。しかし、フランスが、これ以降の行為を、帰属の判断にあたって考慮しないよう求めたため、その観点からの審査が行われました。

裁判所は、漁業条約は陸地の利用に係るものではないこと、フランスの主張はフランス自身がとってきた態度を矛盾していることを理由に、これをしりぞけました。後者は本件の個別事情ですが、前者は、漁業条約と領域権原との関係についての裁判所の立場を示したものであって、注目に値します。

(d)　領域紛争の解決にさいしては、当事国間に紛争が発生した期日、または領域主権の帰属が決定的となったとみとめられる期日を確定することが重要です。この期日は決定的期日とよばれています。これより前の事実には、領域権原の根拠になりうる証拠としての効力が認められ、審査対象となりますが、後の事実は考慮されなくなります[77]。

決定的期日は、紛争主題の焦点となっている条約や出来事が締結されたときや起こった日、交渉や調停ならびに裁判による解決を提案した日、当事国のどちらかが明確な主張を行った日、そして紛争が「具体化[78]」した日などが選択基準とされます。紛争が「具体化」した日とは、「当事国がもはや交渉も、抗議も、お互いを説得しようと試みることもしない」状態に陥ったときです[79]。決定的期日は、「やった者勝ち」を許さず、紛争の悪化を招かないようにするために提唱された概念です。

本件で、イギリスは紛争が具体化した日すなわち裁判による解決に合意したとき、フランスが漁業条約の締結日をそれぞれ決定的期日と主張していました。裁判所は、主権に関する紛争が発生したのは、フランスが主権を主張したとき、すなわちエクレオについては一八八六年、マンキエについては一八八八年と認定しています。それまでは、カキ漁を排他的に行う権利について見解の不一致がみられる程度で、漁業条約が締結された時点では、紛争はまだ生じていなかったとされます。こうして、当事国のどちらかが明確な主張を行った日を「決定的期日」と考えているかのように述べつつ、本件の「特殊な事情」を考慮し、紛争発生後の行為であっても、その措置が関係当事国の「法的立場を改善するためにとられたものでない限り」、審査対象にするとしました。「特殊な事情」とは、マンキエとエクレオに関する活動は、紛争が発生するかなり前から徐々に展開され、途中、中断されることなく、同様に継続してきたことです。このよう立場をとったことから、本件は、「特殊な事情」が存在することを条件に、「決定的期日の選定に決定的な意義を認めなかった」裁判例と評価されています。[80]

(e) 近くにある島の「属島」であるとの主張は、両当事国が行いましたが、いずれも裁判所はしりぞけました。その旨を明記している証拠がなかったためです。この立場は、後の裁判例でも踏襲されていますので、「この島は属島である」と明文で定めている条約などの文書がないかぎり、領域主権の帰属を左右する根拠にはならないと考えられます。(81)

(f) 占有に直接関係する証拠として、裁判記録、課税、土地の登記、関係法律の制定、施設の構築に加えて、フランスの対応があげられています。それぞれについて詳しく見てきましたので、ここでは繰り返しませんが、一つ指摘しておきたいことがあります。それは、施設の構築など、同じようなことを行っていても、フランスのそれは「主権者として行動する意思」があったことを証明するに足る証拠ではなく、国家機能の表示を伴うものでもないと評価されていることです。それに先立つ行為から、フランスがイギリス領であることを認めていたと解されるので、このような取り扱いになっています。決定的期日をあえて設定しなかったのは、こうした紛争発生後に生じた出来事を考慮することによって、結論により説得力を持たせることができると考えたからではないでしょうか。いずれにせよ、紛争当事国の一方の主権を認めるまたは認めるかのような行為があれば、かなり不利な立場に置かれることを覚悟しなければなりません。

(g) 本件では、マンキエとエクレオの一部をイギリス領と記している海図と、マンキエをイギリス領と記している海図が、審査対象になっています。もっとも、地図そのものが占有に直接関係する証拠として扱われたというよりも、自国に不利な記載がなされているにも関わらず、抗議しなかったという点を重視したと考えられます[82]。

裁判所は、このような「国際法」を適用し、イギリスにマンキエとエクレオに対する領域主権が帰属するとの判決を下したのです。当事国が、そもそも主張しなかったということもありますが、先占などの伝統的な領域権原については、一切ふれられていません。「紛争当事国も、これに異論を唱えず、むしろ当然の前提として、自国の主張を展開しています。したがって、本件のような領域紛争の解決にあたって、国際司法裁判所は、このような「国際法」を適用すると考えられます[83]。本件と類似する竹島問題が付託される場合も、同様の方法で、領域主権の帰属先が決定されることになるでしょう。

(40) もっとも、「日本国との平和条約」(対日平和条約またはサンフランシスコ平和条約)が、「日本国は、朝鮮の独立を承認して、済州島、巨文島及び鬱陵島を含む朝鮮に対するすべての権利、権原及び請求権を放棄する。」(二条(a))と規定していることから、この日本が放棄した領土のなかに竹島が含まれるのか否かについて、見解はわかれています。この点については、太寿堂「前掲論文」注(18)一四八—一五〇頁、塚本孝「国際法的見地から見た竹島問題」『不条理とたたかう』(拓殖大学研究叢書(社会科学)、二〇一七年)一五九—一六五頁。

(41) 皆川洸「竹島紛争と国際判例」『前原教授還暦記念国際法学の諸問題』(昭和三八年)三五二頁、太寿堂「前掲論文」注(18)一四〇頁。

（42）同上、一四〇—一四一頁、皆川「前掲論文」注（41）一三八頁。

（43）*The Minquiers and Ecrehos case, Judgment of November 17th, 1953 : I.C.J. Reports 1953*, p. 53.

（44）*Ibid.*, p. 49.

（45）*Ibid.*, p. 52.

（46）*Ibid.*

（47）「ノルマン・コンクェスト（ノルマン人の征服）」として知られている出来事です。一〇六六年一〇月一四日、ノルマンディ公ギョームの率いるノルマン軍が、イングランド王ハロルドの率いる軍を、「ヘイスティングズの戦い」で撃破しました。この戦闘後、ギョームはイングランドのロンドンにはいり、同年イングランド王ウィリアム一世として即位します。アングロ=ノルマン王国の成立です。ウィリアムは、イングランド王であるとともにノルマンディ公でもあり、英仏海峡を行き来しながら、両地域を統治しましたが、本拠は引き続きノルマンディでした。イングランドは、アングロ=ノルマン王国の「属領」として扱われることになったのです。川北稔編『イギリス史』（山川出版社、一九九八年）四三—四八頁、朝治啓三・渡辺節夫・加藤玄編著『中世英仏関係史』（創元社、二〇一二年）一四—二〇頁。

（48）*The Minquiers and Ecrehos case, supra* note 43, p. 53.

（49）*Ibid.*, pp. 53-54. 一二〇四年、ノルマンディ公でありイングランド王でもあるジョンが、フランス王フィリップ二世に敗れ、ノルマンディ公国の領土の大部分を失います。しかし、チャンネル諸島は、イングランド王の支配下にとどまり、以降、イングランド王室の属領となります。弥久保宏「英国チャネル諸島ジャージー島の統治システム—ジャージー議会の構造—」駒沢女子大学研究紀要第一八号八二頁。

（50）*The Minquiers and Ecrehos case, supra* note 43., p. 54.

（51）イングランド王が、「ノルマンディ公」として、チャンネル諸島を含むノルマンディ全体を領有していたことを指します。*Ibid.*, p. 55. 前掲注（47）も参照。

（52）*Ibid.*

（53）チャンネル諸島は、九三三年、ギヨーム一世がフランス王から封土として受領したとき、ノルマンディ公の封土に加わり、彼とその子孫がノルマンディ全体（チャンネル諸島を含む）についてフランス王に忠誠を誓った、とされます。*Ibid.*, p.56.

(54) *Ibid.*, pp. 56-57.

(55) *Ibid.*, 57-59.

(56) *Ibid.*, pp. 59-60.

(57) *Ibid.*, p. 60. フランスも、マンキエがショセイ（Chausey）諸島の属島だったと主張していました。フランスは、その根拠として、一一七九年のローマ教皇の教書に、モンサンミッシェルの修道院が所有しているものの一つとして、ショセイ諸島とその「従物」が記載されていることをあげていました。しかし、裁判所は、このような一般的な文言から、マンキエの地位について、いかなる推論も導きだすことはできないとして、フランスの主張をしりぞけています。*ibid*., p 70.

(58) これは、権限開示訴訟（*Quo Waranto*）と呼ばれていたものです。職権や特権などを不法に保有する者や、行使する者に、いかなる権限に基づくものであるかを弁明することが求められました。現在は、廃止されています。

(59) 東出功「ロンドン聖マルティヌス大教会と国王行政（上）」北大文学部紀要三六（1）八二頁。
小山貞夫『英米法律語辞典』（研究社、二〇一一年）九一七頁。

(60) 物に対する直接かつ排他的な支配権のことで、特定の人に対する請求権である対人権（*jus in personam*）と対比される概念です。日本の民法は、前者を物権、後者を債権と呼んでいます。『法律学小辞典〔第五版〕』（有斐閣、二〇一六年）一二四二―一二四三頁。

(61) 中世ヨーロッパのイングランド王とフランス王の間で起こった戦争で、休戦期間を挟みながら、一三三七年から一四五三年のおよそ百年間の間に渡り続いたため、このように呼ばれています。詳しくは、城戸毅『百年戦争：中世末期の英仏関係』（刀水書房、二〇一〇年）。

(62) *The Minquiers and Ecrehos case, supra* note 43, pp. 60-63.

(63) *Ibid.*, p. 65.

(64) この間、一七〇六年に、ジャージーの漁民により、エクレオからジャージーに連れてこられたフランス人を、ジャージー当局が取り調べるという事件がありました。イギリスは、これを、エクレオに対して管轄権を行使していた証拠であると主張しました。しかし、裁判所は、外国から逃れて、ジャージーに到着した他国民に対して、当然とられていた措置だったとし、イギリスの主張をしりぞけました。また、一七五四年に、ジャージー州が、フランスから来る船について定めた防疫措置についても、領土の帰属に直接関係するものではないとしています。*ibid.*, p. 64.

(65) このほか、ジャージーの法律が、数世紀にわたって、自然死か否かが定かでない場合、管轄区域内で発見された死体の死因審問を行う旨を定めており、実際、一八五九年、一九一七年および一九四八年に審問が行われていたことも、エクレオについて裁判権が行使されていたことを立証するに足る付随的証拠であると認定しています。*ibid.*, p. 65.

(66) *Ibid.*, pp. 65-66.

(67) *Ibid.*, p. 66.

(68) *Ibid.*

(69) *Ibid.*, pp. 66-67.

(70) *Ibid.*, p. 67.

(71) *Ibid.*, pp. 67-68. イギリスは、この点との関係で、一六九二年に、ジャージーの国王裁判所が下した判決も援用していました。国王裁判所は、イギリス王、ジャージーの封土サマレスの領主の後見人および海難救助者との間で、マンキエの岩礁で難破した貨物を三分の一ずつ分けるように命じたようですが、この結論の根拠とされていた文書を、イギリスは提出できませんでした。それゆえ、裁判所は、この判決から、マンキエに対するイギリスの主張を支持するような結論を導き出すことはできないとしています。*ibid.*, p. 68.

(72) *Ibid.*, p. 69.

(73) *Ibid.*

(74) *Ibid.*

(75) *Ibid.*, pp. 70-72.

(76) パルマス島事件でも、このことは示唆されています。*Island of Palmas Case*, *supra* note 10, p. 855.

(77) 山本草二『国際法〔新版〕』(三省堂、一九九四年)二八一―二八二頁、安藤仁介「国家領域の得喪―とくに『権原』と領土紛争について―」寺沢一・内田久司編『(別冊法学教室)国際法の基本問題』(一九八六年)一三五頁。

（78）英語のcrystallized、フランス語のcristalliséで、「結晶化」と訳されることが多いようです。しかし、「具体化」と訳されることもあり、こちらのほうがわかりやすいと思われますので、「具体化」と訳しました。中村道「領域権原としての実効的支配」『判例国際法（第二版）』（東信堂、二〇〇六年）一三四頁。

（79）Gerald Fitzmaurice, "The Law and Procedure of the International Court of Justice 1951-1954," 32 *BYIL* (1955-56), pp. 23-24. 許淑娟「領域権原論再考（四）」国家学会雑誌一二二巻七・八号、八七九、九〇三頁。

（80）太寿堂鼎「マンキエ・エクレオ事件」『ケースブック国際法〔新版〕』一一〇頁、東壽太郎「マンキエ・エクレオ諸島事件」『国際司法裁判所―判決と意見〈第一巻（一九四八‐六三年）〉』（国際書院、一九九九年）一五八頁、中村「前掲判例研究」注（78）。後の裁判例にも、「両当事国間に紛争が具体化した日以降になされた行為を審査対象にすることはできない」としつつ、具体化した日よりも前から正常に継続している行為であって、それに依拠する「当事国の法的立場を改善するために行われていない」ものは、その限りでないとしたものがあります。*Sovereignty over Pulau Ligitan and Pulau Sipadan (Indonesia/Malaysia), Judgment, I. C. J. Reports 2002*, p. 682, para. 135.

（81）*Ibid*., pp. 674-675, para. 110.

（82）伊藤哲雄「領土紛争と国家管轄権―国際裁判における『黙示の同意』と北方領土問題―」『国家管轄権』（勁草書房、一九九八年）三三一―三三三頁。個別意見を書いたカルネイロ判事は、「地図は、それにもとづき判決を下せるに足る重要な要因ではない」と述べています。*The Minquiers and Ecrehos case, supra* note 43, Opinion Individuelle de M. Levi Carneiro, p. 105, para. 20. 地図について、国際司法裁判所の立場を述べたものとして、*Différend frontalier, arrêt, C.I.J. Recueil 1986*, p. 554, para. 54.

（83）本章の冒頭でふれた国際司法裁判所規程三八条一項は、続けて「次のものを適用する」と規定しています。

a．一般又は特別の国際条約で係争国が明らかに認めた規則を確立しているもの

b．法として認められた一般慣行の証拠としての国際慣習

c．文明国が認めた法の一般原則

d．法則決定の補助手段としての裁判上の判決及び諸国の最も優秀な国際法学者の学説

つまり、これらが「国際法」を構成するのです。領域紛争の解決にあたって適用してきた「国際法」も、本来、

このどれかにあたるものでなければならないと考えられます。もっとも、ｄは「法則決定の補助手段」なので、これだけで判決を下すことはできません。杉原高嶺『基本国際法〔第二版〕』（二〇一四年、有斐閣）四八―五〇頁。本件の場合、適用できる条約はないと認定されていますので、ａを適用したわけではありません。そうすると、ｂかｃになるところですが、判決はこの点にふれていないため、どうも判然としません。

五、日本の実行の検討

(1) 一九〇五年以降

日本は、一九〇五年一月、閣議決定によって無人島を「竹島」と命名し、「本邦所属」とするとともに、「隠岐島司ノ所管」としました。この閣議決定は、内務大臣から島根県知事に伝えられ、島根県知事は、島根県告示第四〇号をもって、竹島が「隠岐島司所管」と定められたことを公示しています。

また、島根県知事の指示により、竹島の調査・測量が行われ、隠岐島司は同年五月に、竹島の面積が「二十三町三反三畝歩」である旨を知事に伝えます。これにもとづき、島根県は竹島を官有地として土地台帳に登録しました。この間の四月に、島根県は、漁業取締規則を改正して竹島のアシカ漁業を許可制とし、六月に「竹島漁猟合資会社」に対して免許を与えました。翌年、同社は竹島官有地の借用願を提出し、島根県知事は五年の期限で許可書を与えています。

一九三九年には、行政措置により、竹島は島根県隠岐郡五箇村へ編入されました。

一九四〇年、竹島は舞鶴鎮守府の海軍用地となり、翌年一一月に、五箇村の者に対して、アシカの生捕、海草貝類の捕獲、蕃殖を保護するために使用を許可する命令書が出されています。一九四五年一一月、国有財産法施行令二条により、竹島は海軍から大蔵省（現財務省）に移管されました[84]。

一九五三年、島根県は、竹島地先海面における共同漁業権の免許を隠岐島漁業協同組合連合会に与え、また同年、竹島におけるアシカ漁業を五箇村の者二名に許可しています。一九五四年には、広島通商産業局長が、竹島地先海面のりん鉱採掘権設定を、二名に許可しています[85]。

これらの措置は、関係法律の制定と実施、土地の登録および課税にあたり、いずれもマンキエ・エクレオ事件で占有に直接関係する証拠として重視された地方行政の実施と立法に係る行為と言えます。裁判権の行使にあたるものこそありませんが、竹島で犯罪が行われることは、あまり考えられないので、不利な要素ではないでしょう。

それゆえ、一九〇五年以降の実行に照らして見れば、これら一連の措置により、竹島に対する領域主権が確立したという日本の立場[86]は、十分な根拠にもとづくものであると解されます[87]。

（2）一九〇五年以前

日本は、一七世紀から一八世紀にかけての竹島について、次のような認識を示しています。

「一六一八年、鳥取藩伯耆国米子の町人大谷甚吉、村川市兵衛は、同藩主を通じて幕府から鬱陵島（当時の日本名「竹島」）への渡海免許を受けました。これ以降、両家は交替で毎年一回鬱陵島に渡海し、あわびの採取、あしかの捕獲、樹木の伐採等に従事しました。

両家は、将軍家の葵の紋を打ち出した船印をたてて鬱陵島で漁猟に従事し、採取したあわびについては将軍家等に献上するのを常としており、いわば同島の独占的経営を幕府公認で行っていました。

この間、隠岐から鬱陵島への道筋にある竹島は、航行の目標として、途中の船がかり（停泊地）として、また、あしかやあわびの漁獲の好地として自然に利用されるようになりました。

こうして、我が国は、遅くとも江戸時代初期にあたる一七世紀半ばには、竹島の領有権を確立しました。(88)」

このような認識に対しては、韓国はもとより、日本国内からも異論が提起されています[89]。その多くは歴史的事実の評価にかかるものですが、国際法の観点からも、一抹の不安を感じる説明です。具体的には、「航行の目標」、「途中の船がかり（停泊地）」そして「漁獲の好地」としての利用が、「竹島の領有権を確立」させるに足る十分な根拠になるのでしょうか。マンキエ・エクレオ事件で、イギリスが、「古くからの権原」の存在を立証するために提出した証拠に比べれば、いかにも弱いと言わざるをえません[90]。

ただし、現段階では、韓国側がこれよりも説得力のある歴史を語ることができていないと思われますので[91]、この説明でも相対的に有利と判断され、「古くからの権原」や「原始権原」が認定される可能性はあります。たとえば、マレーシアとシンガポールが、島の帰属をめぐって争った事案では、①対象となった島が「船舶の航行に危険を及ぼす障害」として広く知られており、②その島に対して競合する主権の主張が提起されていなかったので、マレーシアの前身である王国が原始権原を保有していたと認定されました。①から、その王国の支配地域（territorial domain）が当時シンガポール海峡内にあるすべての島嶼に及んでいたので、そこにこの島も含まれるとの解釈が導かれています。また、②により、「領域主権の継続的かつ平穏な表示（他国との関係で平和的）[92]」の要件をみたしているとされます[93]。

この判決にそくして考えると、日本は、竹島が「広く知られ」、かつ、どの国も竹島に対して主権を主張していなかったことを立証できれば、竹島に対して原始権原を有していたと認定されることになるでしょう。

占有に直接関係する証拠や国家機能の表示にあたる行為は、常に同じ程度のものが要求されるわけではありません[94]。パルマス島事件判決によると、国家機能の表示は個々の事案の特別事情に応じて評価されなければなりません。国際司法裁判所も、「国際法」がこのような取り扱いを認めている、と述べています[95]。

このような良く言えば柔軟な、悪く言えば場当たり的な評価が認められるのは、国際法が、国家を「平和的に分離」することによって、国際紛争の発生を回避することに腐心してきたからだとされます。すなわち、領域主権の及ぶ範囲を国家領域に区画して、相互に抵触しないようにし、また国家領域内で行われる統治の実質については、各国の裁量に多くをゆだねてきました。これは、国家が実効的な統治権力を有する唯一の政治団体であり、国家間の関係を規律することによってこそ、最も有効に国際秩序を形成することができると考えられたからです。国家機能の表示にあたる行為が、必ずしも同じ程度でなくとも良いとされているのも、こうした歴史的経緯によります。人の居住に適さないので無人または人口がきわめて稀薄な場所や、北極圏にあり氷におおわれているところ、さらに遠隔にある孤島のように、接近するのがきわめて難しい地域については、占有に直接関係する証拠や国家機能の表示にあたる行為が多数あるか否かは、さほど重視されてきませんでした。そのような証拠が乏しくとも、他国から抗議されることなく「平和的に」領域主権を継続的かつ平穏に表示していれば足りるとされます。それは、その程度のものであっても、国際秩序の維持形成にあたって支障をきたさないからなのです。(96)

とはいえ、韓国が、有力な証拠を保持している可能性もゼロではありません。どのようなものがでてきても対抗できるように、歴史的事実に関係する資料を可能な限り多く収集分析し、保管しておかなければなりません。これは国が総力をあげて取り組むべき課題です。

(84) 太壽堂「前掲論文」注(18)一三七頁、国際法事例研究会『領土』(慶應通信、一九九〇年)一七一頁。
(85) 同上、一七三―一七四頁。
(86) 塚本「前掲資料」注(18)。
(87) 太壽堂「前掲論文」注(18)一四三頁、皆川「前掲論文」注(41)三六八頁、塚本「前掲論文」注(40)一五二―一五三頁。注(40)でふれたように、対日平和条約二条(a)の解釈については争いのあるところですが、竹島の帰属について明記されているわけではないので、マンキエ・エクレオ事件と同じように扱われるならば、日本にとって不利な要素にはならないと思われます。

(88) 日本外務省「竹島の領有」(https://www.mofa.go.jp/mofaj/area/takeshima/g_ryoyu.htmlで閲覧可能)。

(89) たとえば、池内敏『竹島問題とは何か』(名古屋大学出版会、二〇一二年)一四—三六頁。

(90)「歴史的事実に関する日本政府の主張に弱点があるとすれば、当時、幕府が領有の意思を明確に表示しておらず、竹島に対する国家機能の表示がそれほどはっきりしていないことであろう。」との指摘もあります。太壽堂「前掲論文」注(18)一四二頁。

(91) 同上、一四二頁、塚本「前掲論文」注(40)一四三—一四九頁。

(92) *Island of Palmas Case, supra* note 10, p. 839.

(93) *Sovereignty over Pedra Branca/Pulau Batu Puteh, Middle Rocks and South Ledge (Malaysia/Singapore), Judgment, I.C.J. Reports 2008*, pp. 35-37. paras. 61-69.

(94) *Island of Palmas Case, supra* note 10, pp. 840, 855.

(95) *Sovereignty over Pedra Branca/Pulau Batu Puteh, supra* note 93, p. 36. para. 67.

(96) 村瀬信也ほか『現代国際法の指標』(有斐閣、一九九四年)八九—九〇頁。

六、おわりに

最後に、これまであまり議論されてこなかった点にふれておきましょう。決定的期日に関することです。

日本政府や学説の多くは、竹島問題が国際裁判に付託された場合、裁判所は決定的期日を、一九五二年の李承晩ライン宣言または遅くとも韓国による竹島占拠がはじまった一九五四年に設定することを想定しているように思われます。(97) 上述のように、決定的期日が定められれば、原則として、それ以前に存在した事実または行為に限り証拠としての効力が認められることになります。

それゆえ、一九五四年以前に決定的期日が設定されれば、それ以降韓国が行なっている、日本から見れば「不法占拠」は審査対象にならないので、この観点からも、「日本が勝訴する公算はかなり大きい」と評価されてきました。(98) つまり、「一九五二年以後の韓国による竹島に対する支配・占有に関わるいっさいの行為を排除するため」に、決定的期日を一九五四年以前に設定するべきであると主張されているのです。(99)

近年の裁判例は、対象領域の帰属について見解の相違が明らかになったときを紛争が発生した日とし、その日を決定的期日としています。[100]そうした傾向からすれば、目的の是非はともかく、一九五四年以前に決定的期日が設定される可能性が高いと言えるでしょう。

また、上述のように、決定的期日を明確には設定しなかったマンキエ・エクレオ事件でも、フランスがエクレオとマンキエに対する主権を主張した日を紛争が発生した日とし、それ以降自国の「法的立場を改善するためにとった措置」は審査対象にしないとされています。[101]

したがって、決定的期日が設定されないときでも、竹島の帰属をめぐって、日韓の間に見解の相違があることが明らかになった一九五二年以降、韓国が自国の「法的立場を改善するためにとった措置」は審査対象から外れることになるでしょう。

ただし、決定的期日が、一九五二年に設定されるとしても、一九〇五年以降にとられた措置や生じた出来事が、どの程度審査対象になるかは、別途検討されるべき課題として残されているように思われます。

一九〇五年に第二次日韓協約が締結され、日本は韓国外交を「監理指揮」することになり、韓国の外交権をほぼ全面的に剥奪しました。[102]そして一九一〇年には、韓国併合に関する条約（日韓併合条約）が締結されています。少なくとも一九一〇年以降、韓国は日本に併合されていたので、「占有に直接関係する証拠」を残すことはできません。一方の当事国が他方の当事国を併合し、併合された側は、「主権者として行動する意思」を示すことも、「国家機能の表示」をともなう行為もとれなかった。このような事情は、領域主権の帰属を決定するにあたって、考慮されるでしょうか。先例はないと思われますので、推測の域をでませんが、いわば唯一の潜在的係争国を消し去ってからとられた措置や生じた出来事は、審査対象にならない可能性も考えておくべきでしょう。実際、韓国側に有利な主張をしている一部の学説は、このことを強調しています。[103] また、主権が制限されていたことからすると、第二次日韓協約締結以降にとられた措置や生じた出来事も、同様の扱いを受ける可能性があります。

五章でみたように、たとえそうだとしても、現段階で両国が表明している主張を、国際裁判で提示されてきた国際法に照らして判断するかぎり、竹島に対する領域主権は、日本にあるとの判決が出る可能性は高いと考えられます。しかし、不確定要素が残されている以上、一九〇五年以降にとられた措置や生じた出来事が一切審査対象にならないことも想定して、文献資料を徹底的に収集分析し、一九〇五年までに、竹島が日本領だったことをゆるぎない証拠をもって明らかにしておく必要があります。

(97) 皆川教授は、李承晩ライン宣言後、日本が正式に抗議を行った日（一九五二年一月二八日）を決定的期日とされています。皆川「前掲論文」注（41）三五四頁。

(98) 太寿堂「前掲論文」注（18）一五三頁。

(99) 河「前掲論文」注（17）二七六頁。

(100) *Sovereignty over Pulau Ligitan and Pulau Sipadan (IndonesialMalaysia), supra* note 80, *Territorial and Maritime Dispute between Nicaragua and Honduras in the Caribbean Sea (Nicaragua v. Honduras), Judgment, I.C.J. Reports 2007*, pp. 698-701, paras. 118-131; *Sovereignty over Pedra Branca/Pulau Batu Puteh,supra* note 91, p. 28. paras. 33-36.

(101) 山本『前掲書』注（77）二八二頁。*The Minquiers and Ecrehos case, supra note* 43, p. 59; *Sovereignty over Pulau Ligitan and Pulau Sipadan supra* note 80.

(102) 第二次日韓協約の締結過程およびそれに対する各国の反応については、坂元茂樹「日韓保護条約の効力」『条約法の理論と実際』（東信堂、二〇〇四年）二四四—二五二頁。

(103) Jon. M. Van Dyke, "Legal Issues Related to Sovereignty over Dokdo and Its Maritime Boundary,' *Ocean Development & International Law*, Vol. 38, 2007, p. 165.

知っておくべき竹島の真実シリーズ

安龍福の供述と竹島問題

下條正男 著

竹島問題を理解するための入門編として最適なブックレットシリーズ第1弾。日本と韓国の歴史認識の相違の端緒ともいえる、安龍福という人物の供述を検証することで本当の歴史認識を考えます。

ISBN978-4-86456-220-1
C0021　¥500E
定価：本体500円＋税

知っておくべき竹島の真実シリーズ②

韓国の竹島教育の現状とその問題点

下條正男 著

ISBN978-4-86456-291-1 C0021
C0021　¥800E
定価：本体500円＋税

【著者プロフィール】

中野徹也

1969年大阪府生まれ。関西大学大学院法学研究科博士課程、関西大学法学部専任講師、同准教授を経て、2012年から現職。

専門は国際法。国際法学会、世界法学会会員。第2期～第4期島根県竹島問題研究会委員。

著書に「1905年日本による竹島領土編入措置の法的性格」『関西大学法学論集』第61巻第5号、浅田正彦編『国際法』（東信堂、2016年）（分担執筆）、『竹島問題100問100答』（共著）他

竹島問題と国際法

二〇一九年二月二十二日　初版発行

著者　関西大学教授　中野徹也
発行　第四期島根県竹島問題研究会
販売　ハーベスト出版
〒六九〇-〇一三三
島根県松江市東長江町九〇二-五九
ＴＥＬ　〇八五二-三六-九〇五九
ＦＡＸ　〇八五二-三六-五八八九
印刷・製本　株式会社谷口印刷
落丁本、乱丁本はお取替えいたします。
Printed in Japan
ISBN978-4-86456-294-2 C0021